大人のシックはパリにある

Madame Chic

Paris Snap

主婦の友社

Contents

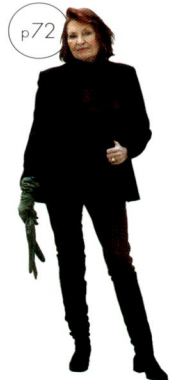

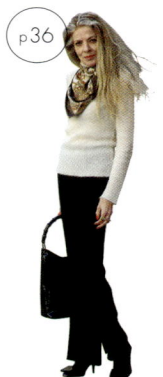

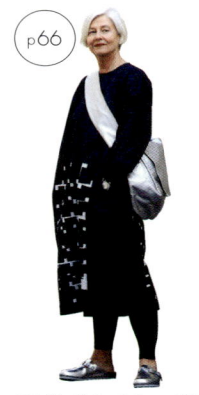

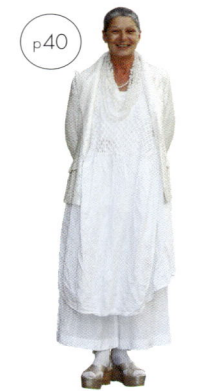

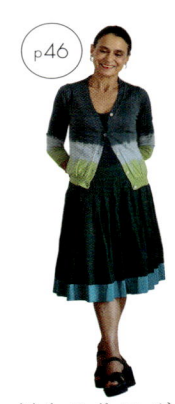

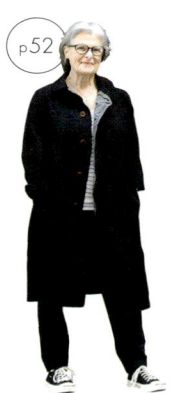

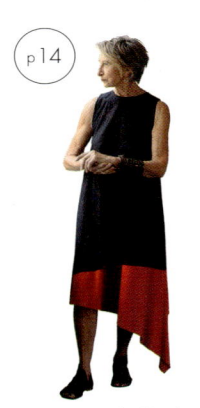

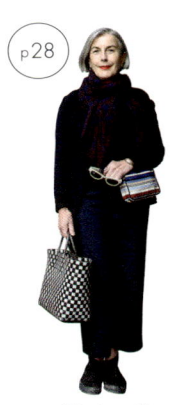

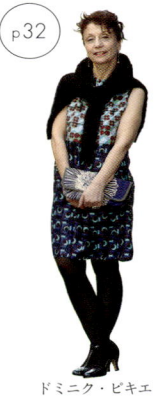

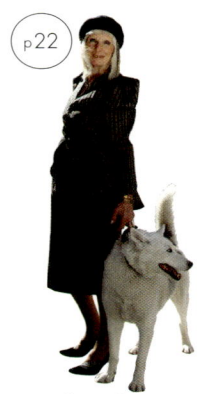

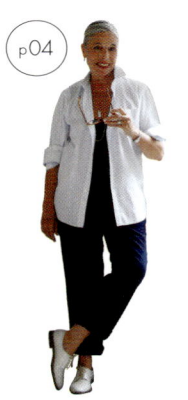

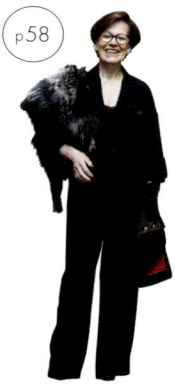

p74

マリリン・カタカワ
Age 66

p76

ベス・ニールセン
Age 70

p82

マリー＝ノエル・デュクロ
Age 64

p84

ジャンヌ・ド・ジュヌヴライ
Age 60

p86

マリー＝ドミニク・ビュロ
Age 76

p88

ドミニク・フラダン・ポップ
Age 66

p90

ジスレーヌ・ライエ
Age 60

p92

シャンタル・ペラン
Age 69

p94

ニコル・ラファルグ
Age 62

p96

ベアトリス・プッサン
Age 70

p98

プラム・ル・タン
Age 65

p106

Interior《インテリア》

マリー＝フランス・コーエン

Marie-France Cohen

Age 71

「頭の中で考えていることが、すべて装いに表れるのです」

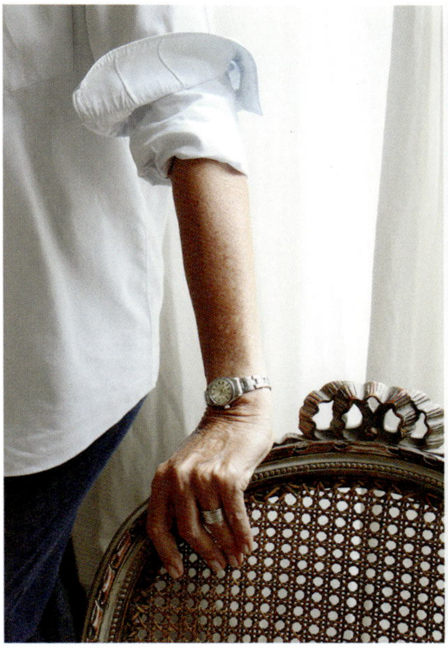

左／袖口を隠さずに、外側に出すように折り上げる。袖のまくり方ひとつにも、美的なこだわりがある。右／色違いで揃えるスタンダードな紐靴は「ロベール・クレジュリー」。

ゆったりした仕立てのいい白いシャツに、
インディゴ染めのコットンパンツ、足元にはマニッシュな紐革靴。
活動的でいながらエレガンスを感じさせる装いが、
マリー＝フランスの日々のスタンダード。
「シンプルなもの、素材のいいもので自分に似合うベーシックを持ち、
そこに今の気分をアクセサリーで添える」
それが彼女の装いの基本なのだそう。
「年寄りに見えないように、と思う気持ちが
もっとも年寄りくさくなっちゃうのよ」。だから、潔くシンプルに！
シャツの襟を立てる仕草ひとつにも凛とした人柄がにじみ出る。

左／シルクのパンツに「レペット」のバレリーナシューズはお出かけの装いの定番。色違いで６足揃える。右／麻玉をリボンでまとめたアクセサリーは、麻のジャケットと同じく「マルニ」製。

パリらしい上品な子ども服ブランド「ボン・ポワン」を
亡き夫とともに立ち上げ、育て、
その後に注目のコンセプトストア「メルシー」の生みの親となったマリー＝フランス。
子ども服のファッションディレクターとして、良質な素材と縫製に気を使い、
なによりも着心地のよさに長年心を配ってきた彼女は、
自身の装いにも同じ哲学を貫く。
「ちょっとしたパーティであっても、ヒールは履かない。
自分の居心地がよくなければ、いい時間を過ごせないから」と、
ゆったり羽織るコートジャケットとシルクのパンツに合わせたのは、
華奢ながら履き心地のいいバレリーナシューズ。

いつもファッションの世界に身を置いてきた
マリー＝フランスの服選びの要は、
何年経っても色褪せぬ、デザイナーの真摯な
〝クリエイティビティ〟が感じられることだという。
「お金をかけられないときこそ、とびきり質のいいものを
ひとつだけお買いなさいと、昔、祖母に言われたわ。
私のワードローブの中で今も活躍するのは、
まさにそんな服」。緑がかったグレーの色合いと、
袖に施された手刺繍に恋して、「勇気を出して買った」
という「ドリス・ヴァン・ノッテン」のロングジャケットは、
10 年以上経った今も愛用する一着。
特別な日の装いに、シックな華やぎを添えてくれる。

贅沢なジャケットに合わせたのは海辺のリゾートのマルシェで買った植物の種をつなげたネックレスと、レースのように繊細なメタルネックレス。同色の素材違いで重ねる粋。

「アクセサリーを選ぶとき、〝迷ったら、取る〟が鉄則です」

おしゃれが好きで歳を重ねてきたから、多彩なアクセサリーを豊富に持つが、
「出かける前にアクセサリーを選ぶとき、どうしようかな？
とほんの少しでも迷うものは、しない。それが正解なんだともうわかるの」
以前持っていた「エルメス」のバッグも、それを持って出かける日は
なんだか落ち着かないのが嫌で、人にあげてしまったのだとか。
気持ちが重くなるアクセサリーはいらない。その潔さが、若々しい。

「マルニ」のブラウスに「コム・デ・ギャルソン」のジャケット、英国製「チャーチ」のスタッズ付きシューズをミックスするスタイリッシュな装いに、シルバーのアクセサリー。

「歳をとったんだから、あたりまえ」とシミもシワも気にせず、
アイメイクと口紅以外ほぼノーメイクのマリー＝フランス。
隠したり、過剰な装飾をしないのが
自分のスタイルとわかっているからこそ、装いの定番を持つ。
パンツにふわりと羽織る白いシャツは、
腰が隠れて着心地のいいものを常時５～６枚、
愛用するフラットな紐靴は20年以上前から
同じ型の色違いを一足ずつ買い足してきた。
「自分に似合うものは私が一番わかっているから、
そんなに多くはいらないの」。上質なものを大切に、長く使いたい。
彼女のドレッサーには、そんな願いと思い出が詰まっていた。

自然素材を使った造形の美しいブレスレットの数々。

「大粒の貴石よりスターダストが好き」。お気に入りの指輪。

手入れしながら20年来愛用の「ロベール・クレジュリー」の靴。

長い髪を巻いて手早く留めるための髪留めやアクセサリー。

L'ARTE RITUALE IN INDIA
RAJASTHAN
INDIAN DESIGN
the Magic Makers
TAPIS BERBÈRES
LES ORIENTALISTES

Françoise Dorget《フランソワーズ・ドルジェ》

Age 71

「〝定型を破るエネルギー〟を感じさせるモノに惹かれます」

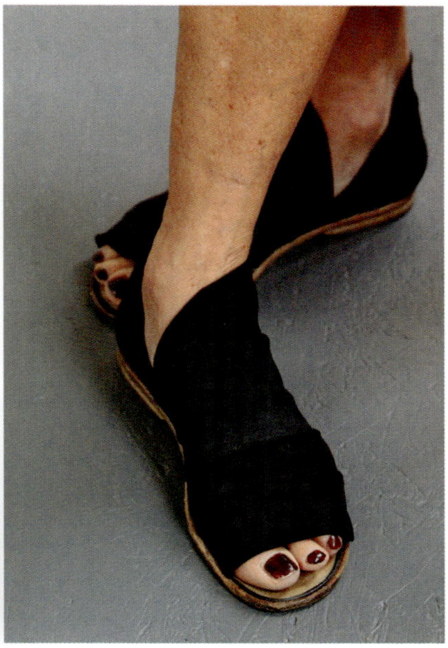

左／ピアス好きゆえ、フェミニンなショートカットが彼女の定番。右／太いゴムバンドの弾力が、フォームの美しさと履き心地のよさをつくるヴィンテージのサンダル。

胸元を見れば、シンプルな黒の夏のワンピースだけれど、
全体のシルエットやカラー配分が計算し尽くされた
創意と工夫がにじみ出る「ヨージ・ヤマモト」のワンピース。
「25 年も前に買ったのよ。今年改めて見直して、
やっぱり好きだと思ったわ」と、フランソワーズ。
洋服やアクセサリーのみならず、家具や小物も、
こうあるべき、こういうもの、といった定型を見つめ直し、
ずらしたり、重ねたり、発想を変えたり……、定型や決まりごとに
チャレンジする創意あるものに惹かれるのだという。
ワンピースに合わせたアシンメトリーなサンダルも、しかり。

左／裁ちっぱなしの革のバッグ。右／「伝統のストライプやチェックが好き」。モロッコの手刺繍のストールを巻いて。下／ピアスは、どんな装いにもマストなアクセサリー。

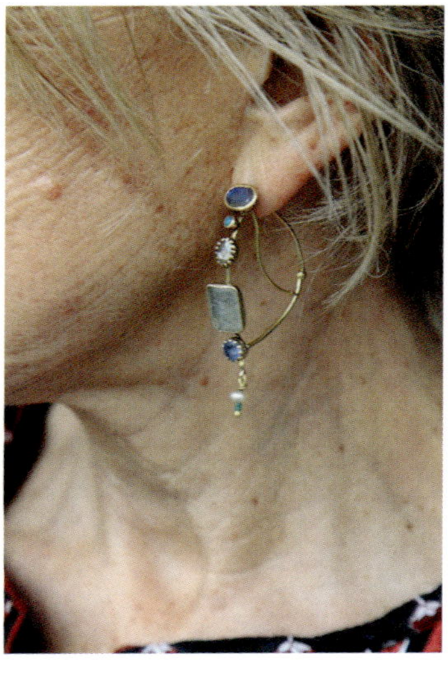

はじめはリネンを中心に、その後は家具、
キッチン周りの器や小物のオリジナル商品を扱う
「キャラヴァン」を夫とともに立ち上げて
成功に導き、近年離婚とともに売却。
世界各地の作り手に自身で会いに行き、
共にデザインを練り上げたフランソワーズの審美眼は、
繊細にしてときに大胆。
インド更紗も長年扱ってきたお気に入りの生地のひとつ。
100種以上ある伝統の格子模様を大きく染め出し、
裏染めしたりと工夫を凝らした斬新な更紗で作った
フレヤースカートは、エスニックテイストでありながら、
こんなにも現代的！　伝統のチェックに
斜めに手刺繍を加えたストールを添えて。

才能あふれる若き調香師に作ってもらった自分だけの香水とサングラスが、身につけるものの中で、一番のお気に入り。

「朝から夜まで、一日を通して着られる服を選びます」

「友人の家へディナーに招待される夜も、昼間と同じ服を着ていくわ」
靴やアクセサリーで気分を変えることはあっても、服は着替えない。
それは、着心地のよさとおしゃれのセンスをほどよく両立させた、
スタイルのある服を普段から選んでいるからに違いない。
一人で家にいるときも心がけるという着心地よくおしゃれ心を忍ばせた服が、
フランソワーズの一日の軽快なフットワークを約束してくれる。

LA VILLA NOAILLES

フォーマルな装いを求められるときこそ、どこかボーイッシュなニュアンスを意識する、というフランソワーズ。
「フォーマルに行儀よくまとめてしまうより、
どこかを少し壊したほうが、けっきょく自分が落ち着くのよね」
「生地の張りが気になって2年間着なかった」という
抽象絵画のようなプリントが美しい「マルニ」のコートジャケットを思いきって洗濯機で洗ったら……、今や大のお気に入りに。
細身のパンツに合わせて、履き心地のいい「アディエヴ」の革紐靴を選んで、フランソワーズ流の「崩し」が完成。
「ちょっとだけ、ロックシンガーみたいでしょう?」

左／ゴブラン織りの絨毯から靴が !?　こちらはアート作品。
右／アクセントを効かせたデザインの靴がお気に入り。

Bonni Miller《ボニー・ミレー》

Age 78

「帽子なしで出かけることはないわ。人生の一部だから」

顔周りにぴたりと装着し、体の一部と化した帽子は、
サイドに垂れた細い革紐が女性らしさを引き立てる。
4 歳のとき、母親から贈られて以来、帽子の魅力にとりつかれ、
30 歳で、自身のデザインする帽子の専門店をオープン。
のちに、帽子に似合う服も作るようになった。
現在は、パリとニューヨークでコレクションを発表している。

ウエストに配したベルトで美しいドレープを生み出す
彼女の服は、女性をより女性らしく見せる。
大判のショールを太いベルトで巻き込み、
パリの蚤の市で見つけたというアンティークの羽根をあしらった
カウボーイハット、ベルトと同色の革のブーツをまとう。
彼女のスタイルは、古典的であり、かつ現代的。
時代を超えた美が息づいている。
「流行は追わない。でも、トレンドは自分の中にあるわ」と
目を輝かせるボニー。
彼女のモードは「時流」ではなく、「自流」なのだ。

左／家族の健康面で不幸が続いたときに、その災いを止めた大切なブレスレット。右／蚤の市で購入したアジアの藁帽子はペルーのポシェットと合わせてエキゾチックに。

Les zones de livraison de Zoé :
20 € mini : 10ème, 11ème, 19ème, 20ème
30 € mini : 1er, 2ème, 3ème, 4ème, 9ème, 18ème, Pantin, Les Lilas, Le pré Saint Gervais
Les horaires de Zoé
le midi : du lundi au samedi de 11h30 à 15h30
le soir : du lundi au vendredi de 18h30 à 22h
C'est frais et fait maison
C'est un service rapide
C'est de la livraison
C'est aussi un traiteur
Bref c'est Zoé Bouillon !
LONELY PLANET

贅沢に生地を使ったボリュームのあるワンピースは、ベルトを重ねづけすることでウエストを細く見せる。

「毎朝、鏡を見て、常になりたい自分を意識するのよ」

この帽子をかぶってどこへ行こう。
そんな想像をするだけで、毎日ワクワクするという。
「歳とともに、極端に高いヒールの靴は履かなくなったけれど、
大好きな帽子を美しく見せるために、
帽子をかぶったときには 10cmのヒールに足を入れるわ」とボニー。
パリの街からインスピレーションを受け、
女性をよりエレガントに魅せるデザインを創造し続ける。

Laurence Madrelle《ローランス・マドレル》

Age 68

「部屋着はないの。一人で家にいるときもちゃんと着替えるわ」

左／パリのマダムたちに人気の、「イリエ」のストレッチ生地の黒のパンツスーツ。右／「仕事で訪れる北京の伝統的なフラットシューズが履きやすく美しい」と革・布製で揃える。

何気なく巻いた茄子色のストールが
ローランスの透明感ある素肌と銀髪を際立たせ、
ワイドパンツにしゃきっとアイロンを効かせる几帳面さが、
ジャケットとパンツの普段着をきりっとまとめる。
「服のコーディネートは深く考えないわ。私はとにかくパンツばかり。
自転車に乗るし、大きなバッグを抱えるし」
動きやすく、軽快で、着心地がいい、といった
誰もが求める普段着の機能を果たしつつ、
ローランスの出で立ちはどこかエレガントで個性的。
色や形、ボリュームのバランスを知る人ならではの、上級な普段着。

LIVRAISONS
Meubles GINO
GUIDETTI. Artisan
3me Etage

美術館や学校、開発地区の案内など、
公共建築や空間のグラフィックデザインの
第一人者として活躍するローランス。
「グラフィックはみんなのためのデザイン。誰が見ても
理解できるようビジュアルで翻訳する仕事」
文字の形や大きさ、色で人に伝える仕事に
携わってきたプロの装いは、
簡潔さと繊細さを併せ持つ。
はっとするほど鮮やかな黄色からゴールドへの
グラデーションのパンツ姿がこんなにシック。
「黄色は大好きな色」
それを着こなす姿勢のよさは、
楽しみに通うタンゴのレッスンで養うのだとか。

上／朝夕欠かさず手入れするテラスのグリーン。オレンジ色の元気なパンツルックで溌剌と。右／山吹からレモン色と色彩豊かな「Jクルー」のカーディガンがお気に入り。

ドミニク・ピキエ

Dominique Piquier

Age 65

「ファッションは好きよ、でも一番大切なものではないわ」

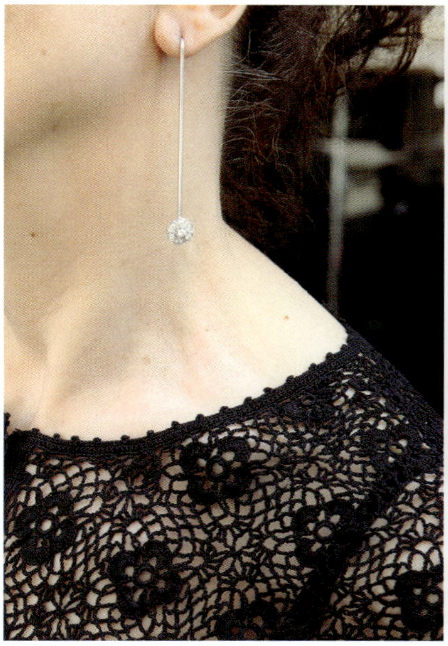

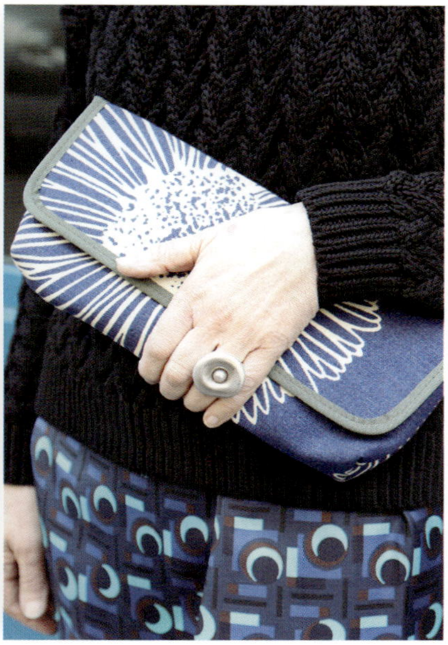

左／首元を長く美しく見せるロングピアスも小花モチーフ。右／マーガレットの花をプリントしたクラッチバッグはドミニクのデザイン。プラチナの指輪と合わせて。

ほんの少し 60 年代を思わせる、青を基調にしたプリントのシルクのワンピースに黒のコットンニットを重ね、ブルーのクラッチバッグを小脇に抱えるドミニク。
「今、私の中では、ブルーと黒の時代なの（笑）。ファッションは好きだけど、表面を流れる空気みたいなもの」
追いかけてもすぐに古くなってしまう流行に振り回されたりはしない。が、今どんな空気が流れているのか、感じていたい。
ファッションに対するこの絶妙なスタンスは、常に第一線で活躍しながら年月を重ねてきたパリジェンヌならでは。
他者や流行にとらわれない、自分らしさを知る大人の自信が光る。

ブティックとアトリエをマレ地区に構える
テキスタイルデザイナー、ドミニクの日々は多忙。
若いスタッフの声を日々きちんと受け止め、
どこでも自転車で移動するのが健康法のひとつという。
「ショッピングに時間はかけない主義。
友人デザイナーの服をシーズンに一度くらいチェックし、
パンツやＴシャツなどのベーシックなアイテムは
インターネットで買ってしまうのよ」
アンティークのシルクスカーフを使った
「サミー・シャロン」の一点もののニットセーターに、
黒いスリムパンツの取り合わせが軽やか。

左／彼女のトレードマーク、マーガレットの指輪をダブルでつける粋。右／ショルダーバッグは革製品の生産も始めたドミニクのデザイン。自転車での移動時に最適。

picquier

「歳を重ねれば重ねるほど、身を包むものに気を配るべきよ」

Agnès Tassel《アニエス・タッセル》

Age 60

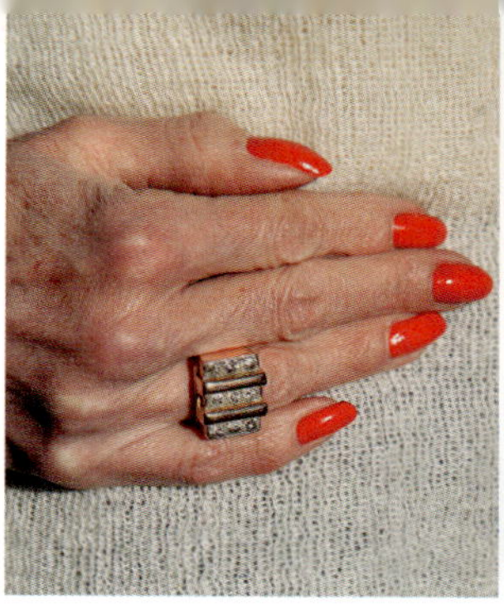

アニエスのこだわりはデザインよりも着心地のよさ。
素肌に触れるものはリネン、コットン、カシミヤなど
天然由来の素材のみ。
ベルトなど身体を締めつけるものは一切身につけない。
「洋服は、数多く持っていなくていいの。
素材にこだわれば、気持ちまで優しくなれるのよ」

左上／大ぶりのリングが好み。右上／「エルメス」のスカーフはヴィンテージ。100枚以上所有。下／ふわりとまとうグレーのコートは「ツモリ・チサト」。

映画のメイクアップアーティストという仕事柄、
40 代までは黒い服しかまとわなかったアニエス。
「昔は黒子に徹してエッジのきいたデザインを楽しんでいたけれど、
今はシンプルなデザインの、オレンジや黄色、ピンクなど、
暖かみのある色にときめくわ」
長年つきあってきた身体だから、優しい素材でいたわってあげたい。

左／無造作なシニヨンは櫛を使わず、30 秒で完成。右／レトロなデザインのメガネを選んでヴィンテージの服と時代感を合わせる。

クリスティーヌ・ウォルター＝ボニーニ

Christine Walter-Bonini

Age 58

「多彩な白を組み合わせるのが、私のスタイル」

ヴィンテージのスパンコールのジャケットに、コットンのチュニック、幅広のパンツ、さらに、ガラスの５連ネックレスを重ねる感性に脱帽。異素材が見事に融合している。

パリジェンヌというと、シックな黒い装いを想像しがちだが、
クリスティーヌは、20 年前から白しかまとわない。
なぜなら、白は人の心を落ち着かせるから。
ひと口に「白」と言っても、グレーがかった白、ベージュ寄りの白、
ブルーを帯びた白など、白は無数に存在する。
さらに、素材や生地の風合いによってもさまざまな表情を見せる。
例えば、同じデザインでも、
コットン、麻、シルクでは、印象がまったく異なる。
彼女の装いは大胆でありながら、清潔感があり、実に謙虚。
季節を問わず、あらゆる白を楽しむという。

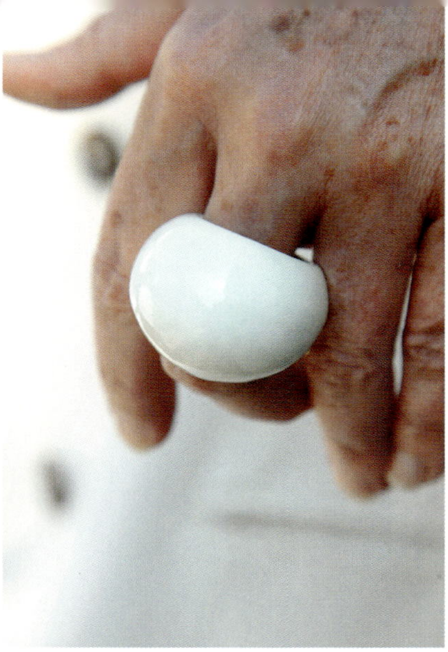

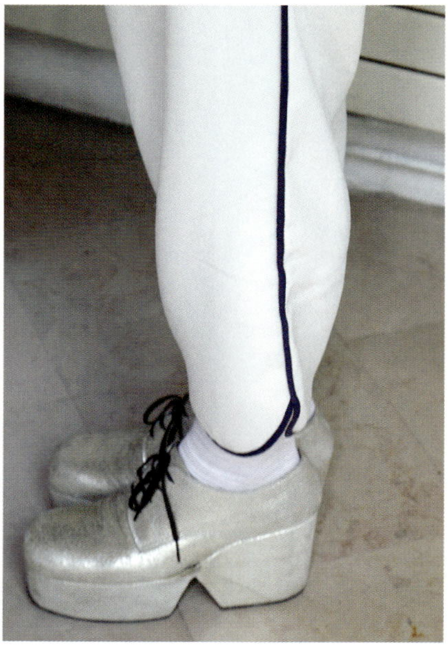

左上／ポップな色合いのサングラスやメガネ。右上／存在感のある立体的なリングは「マルタン・マルジェラ」。左下／ノーブランドのリング。右下／光沢感のある革を使用した厚底の紐靴は「コム・デ・ギャルソン」。

白だけをまとうと言ったものの、小物は例外。
「サングラスやバッグなどは差し色として楽しんでいるわ」
デザインはシンプルでありながら、クリエイティブ。
アクセサリーは、稀少な石や貴金属ではなく、
合成樹脂という素材の選択に遊び心を感じる。
19世紀に創設された世界最古のファッション専門教育機関
「エスモード」パリ校の校長を務めるクリスティーヌ。
「昔ははっきりとしたトレンドがあったけれど、今ではあらゆるものが流行しているといえる。だから、すべて自由なのよ」
彼女の装いから、ファッションの楽しさが伝わってくる。

ESMOD
international
ECOLE SUPERIEURE DES ARTS ET TECHNIQUES
DE LA MODE
FONDÉE EN 1841

左／ナチュラルな素材の帽子は一年を通して活躍。右／猫のシルバーネックレスは姪からの贈り物。

「もっと自由に、自分のオリジナリティを表現していいと思う」

オーバーサイズのワンピースは、大きめのバッグとストローハットで
かわいらしくコーディネート。メイクはほとんどしない。
クリスティーヌの着こなしは、まさに自由。
白い服は光をとらえ、着る人自身を輝かせるが、
彼女の装いは、人を優しく包み込み、リラックスした気持ちにさせる。
白をまとう真の理由は、時間を共有する相手への配慮なのかもしれない。

左／平面的でまるでエプロンのような形のワンピースは仏ブランドの「ジャックムス」。右／一日中自宅で過ごすときももちろん全身「白」で装う。2匹の猫は大切な家族。

Le Monde
ATLAS UNIVERSEL
ATLAS UNIVERSEL
L'HERBIER
TASCHEN

カトリーヌ・ド・シャバネックス

Catherine de Chabanaix

Age 60

「曇り空のパリだから、明るいカラーの服を選ぶのかしら」

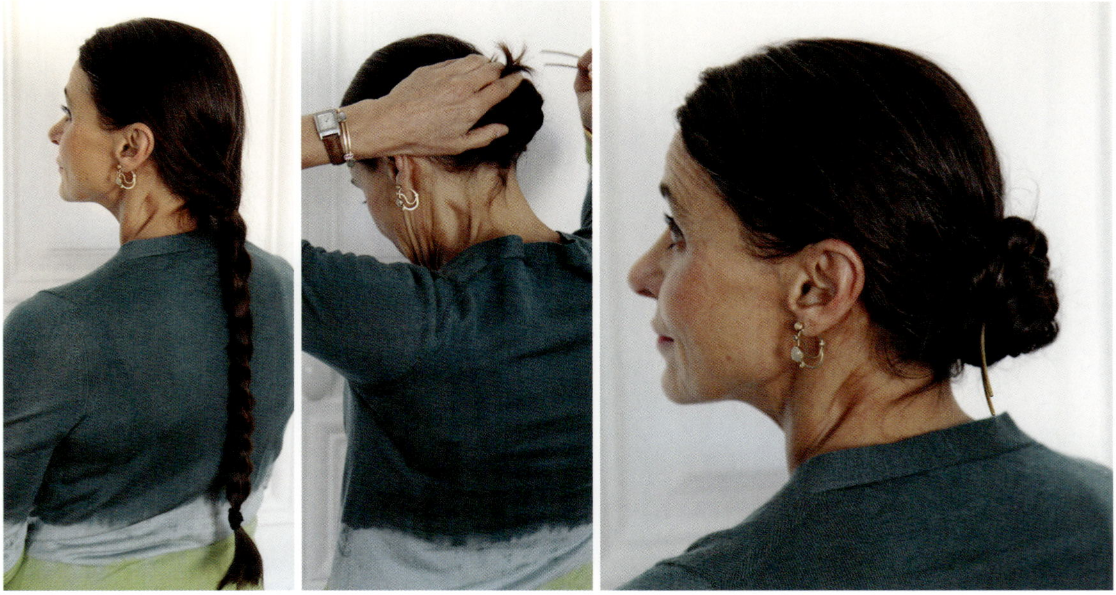

左から／若い頃から大好きな三つ編み。後ろでまとめて垂らすのは家でのスタイル。外出の際にはそのままくるりとまとめてピンをさして、上品なまとめ髪が完成。

カトリーヌの健康的な褐色の素肌に、
グリーンやブルーのニュアンスが水平線のように溶け込んだ
鮮やかなスカートとカーディガンがことのほか映える。
「水色やターコイズ、グリーンがかったブルーなど、
自分でアクア（水）カラーと名づけた色合いが好きなんです」
このコットンスカートを「よく似合うね」と褒めてくれたのは
著名なカメラマンだった亡き夫。一緒に行ったカプリ島のプラダで、
スカートに合わせて彼がすすめてくれたカーディガンをはおって。
「同じブランド同士の組み合わせはほとんどしないけれど、
これは特別」。カトリーヌの美しさをもっとも引き立てるコーディネート。

左／身体のラインに沿った切り替えが女性らしい革ジャン。右／長すぎるベルトは留め金の脇で縛って垂らす。たったこれだけでワンピースの甘さを抑える若々しいアイデア。

センスあふれるインテリアや小物のセレクトに評価の高い
『マリクレール・デコ』や『マリクレール・イデー』のスタイリストのほか、
叙情豊かな世界の旅のルポを手がけるジャーナリストとして長いキャリアを誇るカトリーヌ。
「仕事でたくさんのモノを見るから、流行の気分はわかるの。
その中から自分の好きな明るく元気になれるカラー、
背の低い私にも似合うものを少しずつ集めてきたのだと思う」
プリントと色合いが好きで 10 年近く愛用しているワンピースの甘さを、
黒革のジャケットとベルトといった硬質な小物で引き締める技は、さすが。

「朝、着るものを選ぶのに時間はかけないわ。
冷蔵庫を覗いて、そこにあるものでさっとおいしい料理を考えるのと同じようなものよ」
そんな彼女のクローゼットには、前開きボタンの色違いのカーディガンがずらりと揃う。
パンツやスカート、ワンピースにも、その日の気分でさっと羽織ったり、
ボタンを締めてトップスにしたり、カーディガンはいつも欠かせない万能アイテム。
カトリーヌの今日のカーディガンは、初夏の日差しに鮮やかに映える牡丹色。
白い麻のスプリングコートの下の差し色として、爽やかに際立つ。

左／ホックづけの麻糸をデザインに生かす「フォルテ・フォルテ」の服のディティールのこまやかさ。右／サンダルは歩きやすく高さを作ってくれるプラットフォームが多い。

「冷蔵庫を覗いて料理を決めるように、今日の服を選びます」

ローズ・カラリーニ

Rose Carrarini

Age 64

「朝着たら、一日格好を気にしなくていい服が好きです」

Tシャツは「イネス・ド・ラ・フレサンジュ for ユニクロ」。コートとスニーカーは「コム・デ・ギャルソン」。上／ノーメイクで艶やかな素顔。下／時計はスイスの「チュードル」のメンズを愛用。

細いラインが柔らかな印象のボーダーTシャツに黒のコットンパンツ、
スニーカーの紐をきゅっと結んでさっとコートを羽織ったら、
「はい、準備は終わり。今日は一日これでオーケーよ」
身体を締めつけず、一日気持ちよく過ごせるTシャツにパンツが日々の定番というローズ。
すっきりと少年のような出で立ちが、少女のようにみずみずしい彼女の素顔を引き立てる。

パリの人気レストラン「ローズ・ベーカリー」は、
「いい素材をシンプルに」とローズが何十年も実践してきた
オーガニック野菜たっぷりの優しい料理が人気。
食を、健康と美容の源と考えてきた彼女の料理哲学は、
そのまま装いにも反映されて、彼女の健やかな美しさをさらに際立たせる。
「素材がよく、似合うものを揃えたら、飾りはいらないの」

左／小粒ダイヤを包むデザインのアンティークのネックレスとパール。右／サイドのひだの揺れが美しい「プラダ」のワンピースに羽織ったのは「マーガレット・ハウエル」のカシミヤのカーディガン。

「水玉のワンピースと真珠は、女王さまに会いに行く日のため」

エリザベス女王が来仏した昨夏、パリに住む英国人として
イギリス大使館主催のガーデンパーティに招かれたローズ。
「特にフォーマルを持っていない私は、大あわてしたの（笑）」
悩んだ末に選んだものは、
慎ましやかで品のあるシルクの水玉のワンピースと真珠のネックレスだった。
「母の形見の真珠のネックレスに、普段つけている
ダイヤ入りの金のネックレスを重ねたら、気持ちが落ち着いたのよ」
フォーマルだからといって、がんばりすぎず着飾らず、
どこかにひとつ普段と同じものを。ローズの人柄をにじませながら、
大人の女性ならではの密やかな自分らしさの主張が愛らしい。

ミッシェル・フィリップ

Michèle Philippe

Age 76

「心惹かれたものを身にまとう、ただそれだけよ」

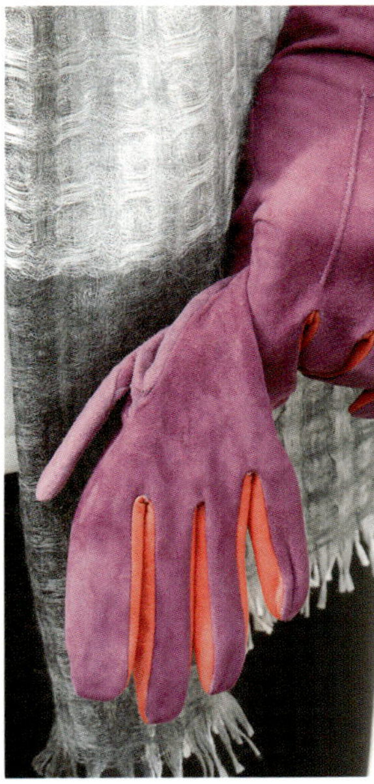

左／甲側が鮮やかな紫、手のひら側が赤のグローブは「アミン・カデール」のもの。品のあるグレーによく映える。右／極小のスタッズで丁寧に縁取りされた靴は「フラテッリ ロセッティ」。

20 代の頃はモードというよりも、
絵に描いたようなブルジョア的生活を送っていたミッシェル。
離婚を機に、〝自分のためのエレガンス〟に
投資するようになったという。
若い頃からオートクチュールに身を包んでいた彼女は、
生地の質、色、柄だけでなく、仕立てのよさを大切にする。
熟練職人の手作業によって仕上げられた品は、
腕を通したときに快感ともいえる心地よさがあるという。
外出時にグローブをするのは若い頃からの習慣。
同じ装いでもグローブを変えただけで、ぐっと印象が変わる。

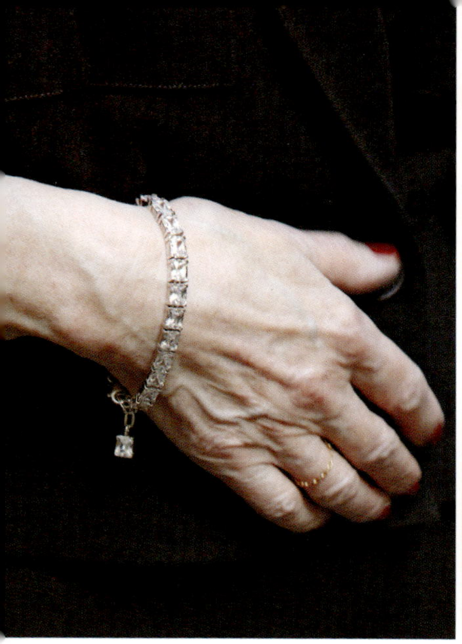

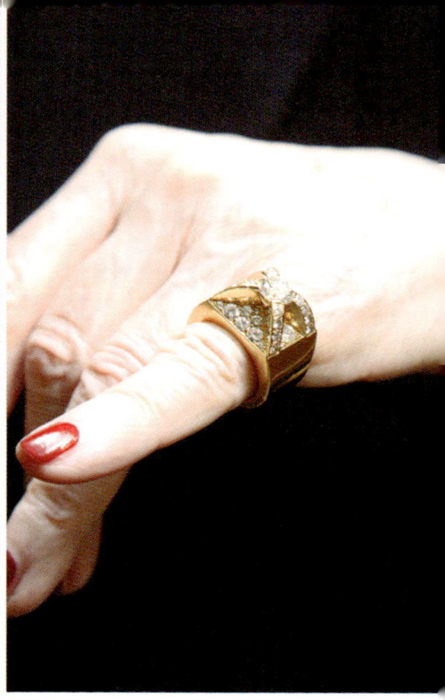

左／アメリカで購入したブレスレット。中／大小のスワロフスキーが崇高な光を生み出すピアス。右／母親から受け継いだダイヤの指輪を、花火をテーマに華やかにリメイク。

「デコルテは歳のわりにきれいだから、
出すことにしているの。でも、膝は見せないのよ」
ふんわりと空気感のあるジャケットは、
胸元をやや広めに見せながら、
サイドから内側へとやわらかな曲線を作りだす。
ストレートのパンツを合わせても、きわめて女性的。
肩にかけられたシルバーフォックスのショールは、
動くたびに優美な輝きを放ち、顔周りを美しく照らす。
社長業をこなすミッシェルは、
昼夜を問わず外出が多い。
持っている服はすべてが日常的な「街着」であり、
クローゼットで眠っていることはない。

左／足首に配したリボンが印象的な靴は20年前に注文した「イヴ・サンローラン」のオートクチュール。右／サファイアと12粒のダイヤが優美にきらめくネックレス。

「男性から〝カッコイイ!〟と言われてしまうのよ（笑）」

30歳でイヴ・サンローランに出会い、
オートクチュールをオーダーするようになる。
「イヴ本人に『お尻がペタンコだからパンタロンは似合わない』
と言われたけれど、どうしても欲しくて仕立ててもらったわ」
黒・紺の色違いで揃えたコンビネゾンをさらりと着こなす。
自身で美容室を経営しているが、2度目の夫を亡くした後、
夫が起業した医療機器メーカーの代表もまかされた。
2013年にはその功績が評され、国家功労勲章を受賞。
シガーをたしなむ姿には圧倒的な気品が漂う。
経済的にも精神的にも自立した女性の着こなしといえる。

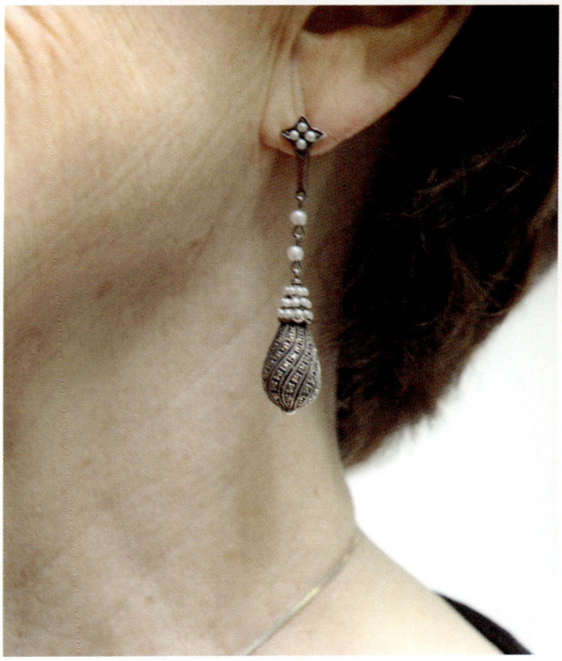

左上・左下／精巧な細工が施されたジュエリーの数々。右／ミンクのコートは短めが好印象。スリット入りのスカート、タッセルが揺れる靴は、後ろから見ても品よく、美しい。

「特別なジュエリーをつけたとき、幸せを感じるわ」

ジュエリーは自分の魅力を引き上げてくれるもの。
ただし、フォーマルな会に出席するときは、バランスに気をつけるそう。
存在感のあるピアスを選んだときは手元は控えめに。
繊細なピアスをつけたときは印象的なブレスレットを添える。
クラシックな色を数多く揃える彼女の装いは、
ジュエリーを楽しむためのスマートな選択といえる。

アンジェリカ・ステューデル

Angelica Steudel

Age 64

「流行と違っていても、好きなボリュームとシルエットがあるの」

左／質実剛健なデザインの古いスイス時計は父親の形見。毎日着用。革と銀製のブレスを重ねて。右／ドイツ製の「ビルケンシュトック」は、子どもの頃から履き慣れた生涯のアイテム。

たっぷり落ちるまろやかなシルエットのワンピースを、
銀髪が映える繊細な顔立ちとすらりとした背丈で
颯爽と着こなすアンジェリカ。
履き心地のいいシルバーの「ビルケンシュトック」と
肩から斜めがけした大ぶりのバッグが、デニム素材の
シンプルなワンピースを引き立てる何よりのアクセサリー。
「子どもの頃、母のより父のドレッサーを覗くほうが好きだったの」
重量感ある素材、流行よりスタイルを重視するメンズの服が
「うらやましい」と笑う。
「流行と違っていても、好きなボリュームとシルエットがあるの」
自分らしい装いの追求にひとつの筋を通す。

上／チェックのバッグが黒いオールインワンと防寒コートのスタイルに快活なアクセントを添える。右／自分でデザインしたデニム素材のギャザースカートに「ヨージ・ヤマモト」のジャケット。

身につける服の色は黒、ネイビーブルー、グレー。
イヤリングやネックレスは持たず、シンプルな
指輪とブレスレット、そこにベリー色の口紅をさす。
余分を削ぎ落とし、気に入ったものを少しだけ。
アンジェリカのシャープなスタイルは、
そのまま彼女のパーソナリティを表しているかのよう。
クローゼットには大好きな「ヨージ・ヤマモト」や
「コム・デ・ギャルソン」の服と並んで、
近年自らデザインをはじめた
ワンピースとロングスカートも。そのミックスが、
時をかけて見つけた、彼女のスタイル。

『マダム・フィガロ』や『AD』など雑誌のアートディレクターとして
そのグラフィックセンスを高く評価されてきたアンジェリカ。
今は、手描きのシルクスクリーンを施すテキスタイルデザイン、陶芸や服作りといった、
クリエイティブな活動に全力で向かう。
「建築、家具や書、服飾、いつも日本のデザインに触発されてきたわ。
簡潔さの中に、思いやりとシンプルな創意工夫がある」
アンジェリカのワンピースやスカートはどれも、
デニムやシルク素材ならではのボリュームを生かした端麗なデザイン。
甘すぎず、他者に媚びず、マニッシュなのにどこか女らしい。
好きなものに真っすぐに向かってきた彼女自身の姿のよう。

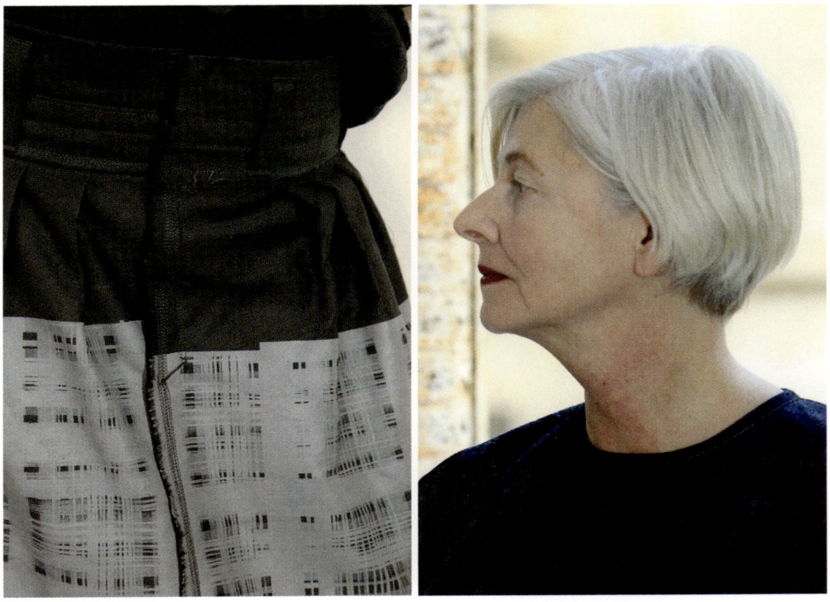

左／自らデザインしたシルクのスカート。わずかにずらす左右の生地合わせなど、遊び心を潜ませるデザインに脱帽。右／端正さと意志の強さが垣間見られるアンジェリカの横顔。

「作り込んだ装飾より、シンプルな創意を宿す服を求めて」

モード・フリゾン・ド・マルコ

Maud Frizon de Marco

Age 72

「服は娯楽、そして自己表現のひとつ。だから今の気分で選びます」

ロワール地方のシャトーにいるときは、メンズジャケットをクールにまとい、パリではエレガントな装いで過ごす。
昔から〝ブランドにはこだわらない主義〟という。
「大切なのはカラーやフォームが今の気分に合うかどうか。
自分の髪色（栗色）に合うグリーンは、さまざまなトーンのものを選んで取り入れています。
最近はパールのコングネックレスやトルコ石のインディアンジュエリーを引っぱり出して身につけることも。
昔のものでも古さを感じない、まさに今の気分ね」

シューズデザイナーだけに、基本は足元。イチおしはエレガントな5cmヒール。ほか、モカシンやバレリーナシューズも愛用。

「人に不快感を与えない、きちんとした着こなしを」

Maryline Katakawa《マリリン・カタカワ》

Age 66

朝起きたとき、友達とランチに行く前、
午後に家でリラックスするとき、
そしてディナーの前……、TPOに合わせて
一日4回は着替えるというアーティストのマリリン。
「シチュニーションに合わせて洋服を選ぶのは、一種の礼儀作法。
場違いな着こなしは周りを不快にするものでしょ」
着こなしに一番気をつけるのは旦那さまといるときだそう。
ふたりでオペラやディナーに行くときはヒールを履き、
なるべくスカートをはくようにしている。
「いつまでも女性らしく、シックでエレガントでいたい」
そんな高い美意識は芸術家ならずとも見習いたい。

アンティークのバッグが大好きだというマリリン。先代から譲り受けたものからマルシェで購入したものまで多彩。

ベス・ニールセン

Bess Nielsen

Age 70

「人の手が紡ぐカディを大切に受け継ぐことが、私の選択です」

インドの男性用常衣のクルタを自ら改良デザインしたベスの特製クルタ。肌ざわりのいいインドの生地・カディで作るクルタを生涯のベーシックに。ショールやコートを合わせて年間を通じて愛用。

若き日に、ファッションモデルとして
写真家ヘルムート・ニュートンの被写体としても活躍したベス。
子どもの頃、デンマーク人の両親が与えてくれた服や靴は、
職人の手で作られるシンプルなものだったという。
「丈夫で良質な服やモノを長く大切に使う北欧文化が、
私の起源です」。その彼女が、70 年代に出会ったインドのカディ
（綿花を摘み、紡ぎ、織り上げるまで 100% 手作業の伝統織物）
に魅せられて、10 年前に立ち上げたブランドが「カディ＆コ」。
肌に優しく、時とともに美しさを増すカディと共に生きることは、
ファッションを超えた彼女の人生の選択だったという。

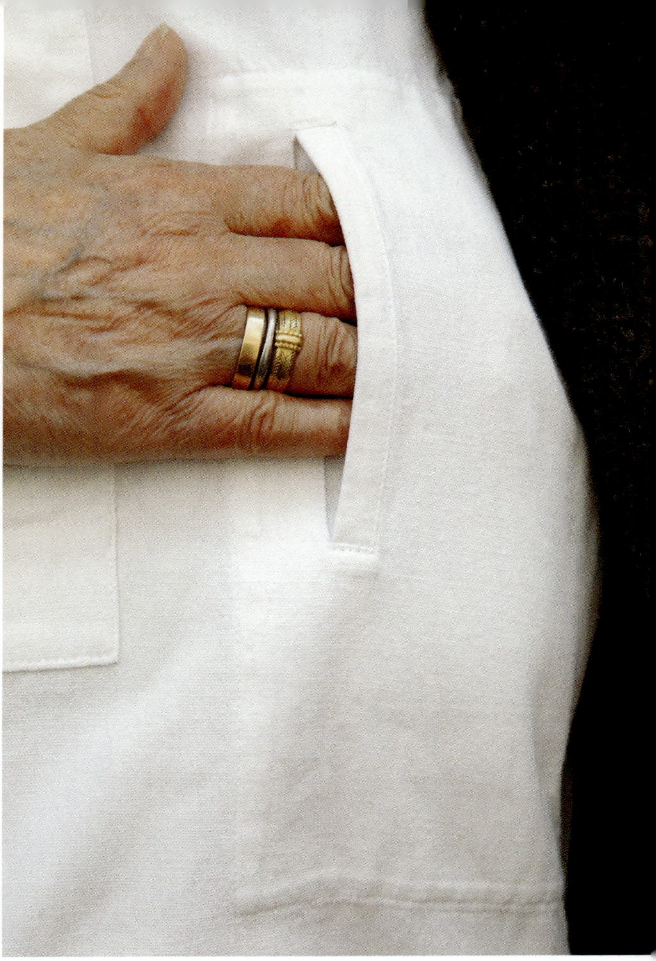

左／長めのベストを羽織って。
上／右胸のポケットの他に、左胸にも横入れの隠しポケットがあるクルタ。下／10年近く履いて傷んだらまた同じものを注文するサンダルと靴。

胸元まで開閉できる襟と袖のカフスで寒暖を調整し、
両サイドのみならず縦横に自在につけたポケットでバッグを持たずに
両手をあけて外出できるように工夫するなど、
カディで作るベスの日常着クルタは、
女性の日々の暮らしを考え抜いたスーパーベーシック。
秋にはウールの袖無しベストを上に重ね、春には軽やかなコートを羽織って
季節感を演出しながら、一年中着回せるクルタ。
足元には伝統の型をストックホルムの職人が手作りする革サンダルや、
履き心地のいいシンプルなイタリア製のショートブーツを合わせる。
手作りの良質なものを大切にする精神は、インドのカディが教えてくれた。

スカンジナビアでアートとデザインを学び、一流のファッションモデルを経て、
ブランドのデザイナーも経験したベスは、誰よりファッションを知る女性の一人。
その彼女が、「ファッションは一過性のもの。今の私には無縁だわ」と言う。
300 年以上も前から暮らしの営みの一部として
インドの人々が丹誠込めて紡ぎ、織り、染めあげてきたカディ。
その文化に寄り添い、守り育てることが使命と悟った彼女の生き方に迷いはない。
「自然と向き合い、時間をかけて作られるモノの力強い美しさに心惹かれます。
何を身につけて生きるかは、私の人生の選択でした」
装うことは、時をかけた自分探しなのかもしれない。

左／インドの陶器と、色調が異なるインディゴ染めもベスが大切にするモチーフ。右／「服と同じように洗濯機で洗える」と絶賛する「アルベルト・ファシアーニ」のブーツ。

「時をかけて作るモノの力強い美しさに惹かれてここにいる」

「人生は変化の連続。色彩を味方に楽しみつくすわ」

マリー＝ノエル・デュクロ

Marie-Noëlle Ducros

Age 64

左／ライダースジャケットはキャメルブラウンを選んで柔らかな印象に。女性らしさが引き立つ。右／背が低いので小さなバッグを２つ持ちにしてバランスをとっている。

左／ブラックパールを合わせてカジュアル・シックな装いに。右／ペイズリー柄のストールがさりげなく品を添える。

発色のいいオレンジのトレンチコートは、
黒いボタンが全体を引き締め、スタイリッシュな印象に。
小柄ながら人を惹きつけるのは、色のコントラストを巧みに使っているから。
「2 度のがん手術の際、抗がん剤の副作用で髪が抜けたけれど、
ウィッグをつけておしゃれを楽しんだわ」
と笑い飛ばす彼女のコーディネートには、強靭な精神が表れている。

「自分に似合うもの、好きなものだけを身につけていたい」

Gianne de Genevraye《ジャンス・ド・ジュヌヴライ》

age 60

ロングスカートに上質なレースのブラウス、
あいた胸元にはアンティークのアクセサリーが輝く。
そんなクラシックスタイルが一番落ち着くという。
「流行より大事にしているのは TPO に合った服装。
そして、女らしい胸元。デコルテは美しい
アクセサリーです」。ファストファッションのときでも、
アクセサリーは本物にこだわる。そして「好きなものは
何年経っても身につける」。それが彼女のルール。
「心から愛するアクセサリーは、
装いに自信を与えてくれるものだから」
ジャンヌ・ハーパーという名前で画家として活躍。
カリフォルニア生まれで、'86 年からパリ在住。

ヴィンテージ、現代ものを問わずアクセサリーが大好き。なかでも、手の込んだ細工を施したアンティークへのこだわりは強い。

「街ではジーンズをはかないわ。きちんと正装すべきよ」

マリー＝ドミニク・ビュロ

Marie-Dominique Bureau

Age. 76

ジャーナリストとして、有名ブランドのショーに
出席していたマリー・ドミニクは、
「美」に対するこだわりが強い。
スニーカーやジーンズなどくだけた服装を嫌い、
クラシックな装いをかたくなに守る。
数年前、医師に身体年齢は 50 代と診断され、
70 代の顔と釣り合いがとれていないと判断。
リフティングをして 60 代の肌をとり戻した。
「歳をとればとるほど、人生は自由で素晴らしいものよ」
そんな彼女は、子育てを終えた後、
15 歳年下の男性と再婚し、幸せな日々を送っている。

左／襟元にブローチを添えて、品のある装いに。右／靴とストッキングの色を合わせて脚をより長く、美しく魅せる。

「好きなものを身につけていると、自然体でいられるの」

Dominique Fradin Popp《ドミニク・フラダン・ポップ》

Age 66

シルバー、フューシャピンク、グリーンなど、鮮やかな色彩を
品よく着こなすドミニク。色は精神に強い影響を与えるものだから、
そのときの自分に必要と感じた色を取り入れるのだそう。
サハラ砂漠やアジアを訪れた際、遊牧民から直接購入した装飾品、
ショールなどを感性のままに組み合わせる。
そんな小物のセレクションが、彼女の装いをより一層ユニークなものにする。

左／レザーのパンツはニットと合わせると優しい印象に。一瞬、派手に思える色でも、靴とバッグの色を揃えれば、ナチュラルにまとまる。右／異なる色合いのグリーンをミックス。好きな色を買い足していくので、コーディネートは無限大だそう。

「ファッションは自分を映し出す鏡。それゆえ日常です」

Ghislaine Rayer《ジスレース・ライエ》

Age 60

女性らしい身体のラインを引き立てる、
ロマンティック感のある装いが好きというジスレーヌ。
自宅スタイルのチュニックにレギンス、
ディナー用のワンピースもしかり。
「歳をとって流行を追うのはナンセンス。
本当に似合うものでなければ身につける必要はないわ。
大好きな 60's ～ 70's のヴィンテージものも
キメすぎず、ドレスダウンして楽しみます」
自宅兼ショールーム「Nuits de Satin」で、
アンティークやヴィンテージのランジェリーを販売。

手入れの行き届いた長い爪と、巻き髪は女性のたしなみと語る。毎日つける指輪は、母親と祖母から譲り受けた宝物。

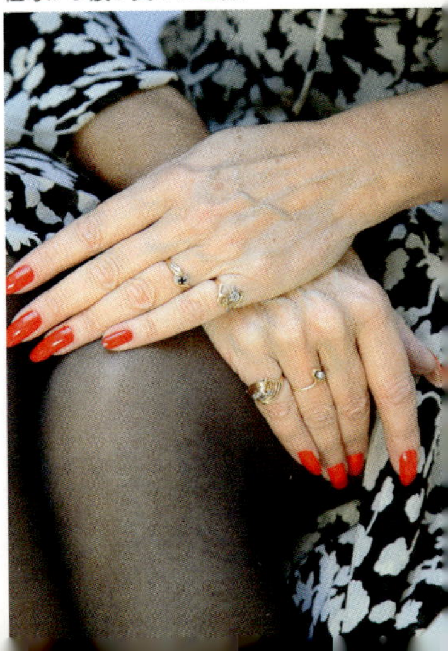

「昔みたいに無理はしない。コンフォートが一番」

Chantal Perrin《シャンタル・ペラン》

Age 69

モデル、映画プロデューサーという華やかな経歴を持つシャンタルは、昔は「サンローラン」や「KENZO」など最新のモードを着こなしていたそう。

「ブランドの服が似合わなくなった
というのもあるけれども、今は何よりも
着ていて快適かどうかを重視するように。
着心地が悪いとリラックスできないでしょ」

そんなスタイルの決め手となるのが〝フレッシュ〟さだとか。コットンや麻など素材はナチュラルなものにこだわり、明るい色で統一感を出す着こなしに好感がもてる。

左／バカンス先のマルシェで見つけたレザーのバッグ。
右／チャームの色はシャツの柄と同色をチョイス。

Nicole Laffargue《ニコル・ラファルグ》

Age 62

「女性を意識した服もまとうわ。ただし、エレガントにね」

左／赤×黒の組み合わせは、インパクトが強いからこそ、品を落とさない配慮が必要。
右／ベージュのカシミヤニットは15年前に購入した「バルバラ ビュイ」。

長年、化粧品会社に勤め、女性の〝美〟に携わってきたニコルは、
ONとOFFで装いが大きく異なる。
自宅では光沢のあるラメ生地のスニーカーを履いてスポーティに。
外出時には膝上のスカートにハイヒール、
ときにはウエストがうっすらと透けるレース素材に身を包むことも。
ただし、真珠や上質なジャケットをまとうことで、気品ある存在へ引き上げるという。
歳を重ねた女性だけがなせる、大人の装いと美的感覚が。

「おしゃれは、自分を輝かせ存在価値を引き立たせるもの」

ベアトリス・プッサン

Beatrice Poussin

Age 70

オリジナリティにあふれた装いに漂う揺るぎない品格。
「マダムが流行を追いかけるのは
シックではありません。さじ加減が大切」
長年愛用している上質なセーターやジャケットに
流行のジーンズなどを合わせ、若々しさはバッグなどの小物で演出。
以前、オペラやディナーに着ていたスーツを
ドレスダウンする工夫も忘れない。
「おしゃれは遊びの一種、着ていてウキウキするようなファッションを
心がけているわ」。足元は自宅でも常にヒール靴という、
凛とした姿は、まさにマダムのお手本。

頻繁につけるグローブ。運転時はドライブ用を着用。「グローブは片方はめて片方を持つとエレガント。50年代の女性のようにね」

Plum Le Tan《プラム・ル・タン》

Age 65

「この年齢だから、ヴィヴィッドな色やデザインを選ぶのよ」

膝上のミニスカートからすらりとのびた脚をブルーのタイツで包み、
鉛筆モチーフのビーズ刺繍が印象的なブラウス＆ニットジャケット。
プラムの、黒をベースにしたシックな装いは、こんなにも華やかでヴィヴィッド！
「人の視線はエキセントリックな色やデザインに向くものよ。
だから、これなら顔をそんなに見られなくてすむの」と悪戯っぽく微笑む。

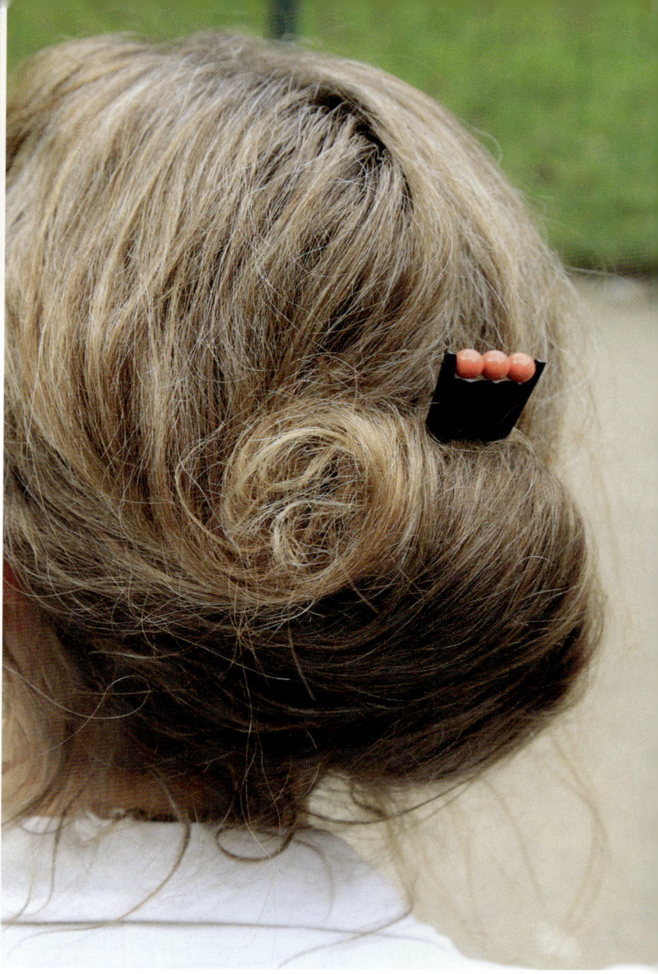

左／旅先で見つけたアンティークモチーフを使って自作したペンダントを幾重にも重ねて。右／娘の日本土産というお気に入りの髪留めで、外巻きにまとめた髪を留める。

「40 代までは、今よりもずっとシックで
〝マダムらしい〟ものを身につけていたわね」とプラム。
50 代での離婚を機に、それまでのマダム然とした「エルメス」や
「サンローラン」の服やバッグ、高価な宝飾品を棚の奥に仕舞い込んだ。
「この歳でそんな格好をしたら、気持ちが老けてしまうわ」
子どもたちが巣立ったアパルトマンの空き部屋は若い外国人に貸し、
ときどき年下のボーイフレンドとインド旅行に出かけ、
幼い孫の世話をしに、度々ニューヨークへも出向く。
そんなプラムの暮らしには、軽やかで明るいスタイルがよく似合う。

左／アップリケと手刺繍で丹念に制作される愛娘・オランピアのオリジナルバッグは大切なコレクション。右／拳銃がモチーフのバッグはレイモンド・チャンドラーの小説から発想。

結婚を機にパリに暮らして 40 年という英国人のプラム。
現在は、コレクション発表に世界を飛び回る人気デザイナー、
オランピア・ル・タンの母として彼女を支える。
前述の鉛筆モチーフのブラウスをはじめ、愛用の数々のバッグなど、
愛娘オランピアの作品はどれも優しく愛らしい。
ネイビーのストライプジャケットに細身の白いパンツ、
英国風の紐靴といった軽快な街着のコーディネートにも、
オランピアのウイットの効いたバッグは欠かせない。
「若い頃はシックな装いが似合う。カラフルなものは
歳をとった今だからこそ、シックに着こなせるのかもしれないわね」

「何でも取っておくので、持っているものを生かしたいわ」

南アフリカで見つけた植物の種、世界各地の貝殻や珊瑚のかけらをつないだ大ぶりのネックレスと本型のイヤリング。

「好きな色をコーディネートの中心に、いろいろなものをミックスするのが好き」
だから、身につける服やアクセサリーも新旧混在。
旅が大好きで、インド、中近東、アフリカは幾度となく訪れた。
そこで見つけたヴィンテージのモチーフや海岸で拾った貝殻など、
大切な旅の思い出を紡いだ自分だけのアクセサリーは宝物。
チュニックドレスのエスニックな装いに手製のネックレスが映える。

時をかけて自分だけの装いを磨いてきたパリのマダムたちには、
それぞれが大切に育んできた暮らしのスタイルがある。
装いはその人を映し、住まいは、その人の人生を表す。
パリで出会った素敵なマダムたちの日々の暮らしを垣間見る、そんな住まいをご紹介。

まるで田舎のお屋敷の入り口のようなアイアンの門が、家の玄関。パリには、こうした美しい中庭がいくつも建物の内部に隠されている。

初夏にはバラやジャスミンが咲き乱れる野原のように手入れをした庭。夜には蠟燭を灯すランプも古びて美しい。

庭からの光が廻る１階の居間。暖炉の前に、時代とスタイルをミックスしたアンティークの家具と肌ざわりのよさを熟慮したリネンのソファを配す。

マリー＝フランス・コーエンの家

Marie-France Cohen

「都会のただ中に隠された、秘密のガーデンをとり囲む家」

パリ左岸。大通りに面した建物の扉を開けてさらに奥に進むと、
マリー＝フランスの庭と家の入り口が現れる。
ほの暗い建物エントランスの奥に、まさかこんな光あふれる秘密の花園が
隠されていようとは誰も予想できない、まるで都会のオアシス。
庭に面したゆったりと静かな家、それが彼女の住まいだ。

2階の踊り場の壁に古布のタペストリーをあしらう。柔らかな雰囲気を家にもたらす装飾アイデアがいっぱい。

家族を迎える居間の一画に、小さなブーケを飾った机。古い絵画とアンティークのオブジェは家中にあふれる。

庭から微かに花が香る家の各所にも、シンプルに生けた花々を欠かさない。スイートピーのブーケが春を語る。

1階の各部屋は、庭に面した扉と窓のおかげで開放的な空間に。マリー＝フランスが一日の大半を過ごす書斎兼サロンには、庭に向かって設えた大きな机。そして小休止のための大きなソファ、ファッションや文化を中心に集めた膨大な蔵書をおさめる本棚。ベージュを基調に明るい色のリネンや絨毯が温かな空気を醸す。

塗装を剥いだマットなフローリングの床に優しい図柄のオリエンタルの絨毯を敷いた書斎。布使いの巧みさが柔らかく落ち着いた雰囲気を作る。

シーツも上掛けも漂白しない生成りの麻素材。リネンの風合いとカラーはマリー＝フランスの生涯のこだわり。

ベッドサイドに設えたドレッサーコーナー。鏡も家具もアンティークに徹した独自のハーモニーが美しい。

猫足のバスタブを置くバスルーム。その広大なスペースがなによりの贅沢。一画にはクローゼットの一部も。

「夫を亡くしたときはこの家は広すぎると悲嘆にくれたけど、
今は、庭の木々が季節を運んでくれる
この家で過ごせることに、幸せを感じるわ」
朝日が一番に届く2階のひと部屋を寝室に選んだマリー＝フランス。
塗装の落ちた風合いが美しい白のアンティークの家具と絵画や
古い鏡に囲まれた寝室は館の女主人にふさわしく、優しい品位にあふれる。

寝室の窓辺には、読みかけの本が並ぶ書きもの机。机の前の壁にかけたイタリアの古い風景画が空間にさらなる広がりを感じさせる

使い込まれた田舎家のキッチンのような温かな雰囲気に満ちる。奥のドアの向こうにはテラスの食卓も。夏には庭での食事も楽しみのひとつ。

亡き夫の思い出を集めた部屋には、古きよき時代の肖像画や革張りのソファを配し、英国の紳士クラブのような由緒正しき雰囲気が漂う。

今は一人暮らしのマリー＝フランスだが、パリ市内に住む息子夫婦や孫たち、
甥や姪たちがしばしば訪れて、みなで食卓を囲む。
「料理は大好き」という彼女の言葉を裏づけるように、
使い勝手のいいキッチンにはスパイスや道具がさまざま並び、ダイニングルームには
アンティーク皿のコレクションが、家族みんなの楽しい食事の時を待つ。

ダイニングの一画に飾った古い食器のコレクション。蓋付き食器にはポプリを入れて。

種や貝殻、珊瑚など美しい自然の造形を愛するプラム。
古いリトグラフを並べた壁際に溶け込ませて飾る。

独立していた小さな屋根裏部屋をつなげ、細長くも建物のぐるりを囲むアパルトマンに改装。部屋全体に温かな雰囲気が宿る。

プラム・ル・タンのアパルトマン

Plum Le Tan

「屋根裏を改装したアパルトマンは光あふれる温かな住居」

ロンドンからパリに来て 40 年、プラムが住み続ける屋根裏を改装した
アパルトマンには、曇りの日でも明るい光が廻る。
壁際の本棚には蔵書が詰まり、デッサンや水彩画、
写真など家族の思い出がそこかしこに。そして、それはまだまだ増え続ける気配。
家中に置かれる手刺繍のクッションもプラムの装いと同様、とてもカラフル。

最上階の窓辺には自然光がいっぱい。白いソファにカラフルで不揃いのクッションを添えるセンスがプラムらしい。

小さな暖炉のあるコーナー。薪の爆ぜる音を聞きながらお茶を飲んだり、読書をしたり。パリの暖炉はくつろぎの場。

壁だけでは足りず、本棚の前面にも絵や楽しいオブジェを飾る。布張りの椅子を置く居心地のいいコーナー。

食器棚には祖母から引き継いだクリスタルのグラスが並ぶ。喉が渇いたときには、明るい時間でもシャンパンをいただく。

ミッシェル・フィリップのアパルトマン

Michèle Philippe

「好きなものに囲まれて時を過ごすのは、贅沢なこと」

大きな窓から光が差し込む明るいリビング。
妹がアンティーク店を営んでいることもあり、
アジア、アフリカなどから集められた古い家具やオブジェが並ぶ。
現在は一人で暮らしているため、インテリアは最小限。
週末は静かに読書を楽しむという。

30 年近く愛用している「ゲラン」の香水「シャリマー」。月1回、「ゲラン」のサロンで2時間のエステの施術を受ける。

19 世紀ナポレオン 3 世様式の肘掛け椅子。手入れをしながら、代々大切に使い続けている。

暖炉を背景に、友人や家族の大人数が集まっても思い思いに過ごせるようソファやクッションを揃えるリビング。モダンだけれど温かい雰囲気。

カトリーヌ・ド・シャバネックスのアパルトマン

Catherine de Chabanaix

「世界を旅して集めた雑貨が出迎えてくれる、心躍る家」

扉を開けると、アパルトマンを囲む東西の窓から注ぎ込む柔らかな光に包まれて、
花やオブジェがそれぞれの居場所で家人を出迎える。
スタイリストとしてパリの街中や世界を巡り、
そのときどきに集めた家具やオブジェは古すぎず新しすぎず、ウイットにあふれて、
なにより、人の手のぬくもりが宿るような優しい表情のものばかり。

キッチンと居間の間の壁を開ける改装工事で、壁の端を段々にした斬新アイデア。そこに鳥かごやオブジェを置く。

ダイニングキッチンの一画の使い込まれた古い食器棚には、蚤の市で集めた 19 世紀のグラスや花瓶をおさめる。

世界中で集めた明るくカラフルなリネンでソファを覆ったり、クッションカバーにしたり。取り替えも簡単！

使いやすく広々としたカトリーヌのキッチン。息子夫妻と 2 人の孫がやってくる日は腕をふるうというお料理上手。

結婚式の写真は色褪せないオブジェ。20 歳で結婚後、4 人の子どもに恵まれ、今では 11 人の孫に囲まれている。

実家はナポレオンの右腕の陸軍元帥、ロボー伯爵家にあたる。リビングには、当時のアンティーク家具やコレクションの品々が揃う。

ベアトリス・プッサンの家

Beatrice Poussin

「アンティークの家具と思い出の品々を上手に融合」

18 ～ 19 世紀の家具を中心に、旅先で見つけた品や、
家族との思い出のオブジェをうまくコーディネートしているベアトリス。
「空間を演出するときのポイントは、ハーモニー、オリジナリティ、カラーバランスね」
愛着あるアンティークのテーブルなどは
人まかせにせず、自分で修復してしまうこともあるそう。

アルゼンチンで購入したという、スターリングシルバーのテーブルウエア。フォーマル感漂うさりげない演出。

コーナーに飾られているのは、世界中にコレクターを持つ南アフリカの現代陶窯「ズールー」の逸品。

代々受け継いだ本はプッサン家の宝。表紙が傷んだものは地下のアトリエで自ら装丁して修復するという。

シャンタル・ペランのダイニング

Chantal Perrin

「インテリアも着こなしと
同じくシンプルに」

バルコニーに面した1階のダイニングには、花と緑を絶やさないように心がける。北欧系の木製家具などインテリアはシンプルなものを。「禅スタイルなの」。右の壁にかかっている和紙を重ねたランプは自身の作。

マリー＝ドミニク・ビュロのリビング

Marie Dominique Bureau

「フランスのアートシーンを彩った
モンパルナスの歴史的建造物」

20世紀初頭の芸術家が多く住んだアトリエ兼住居を購入。インテリアは極めてシンプル。以前住んでいたアーティストから譲り受けた作品をあちらこちらに飾って歴史ある空間を楽しんでいる。

マリリン・カタカワのリビング

Maryline Katakawa

「クラシックなムードに
モダンアートがアクセント」

凱旋門からすぐ近くのシックなエリアにあるアパルトマンは19世紀の典型的なスタイル、オスマニアン式。そんなクラシックなアパルトマンに映えるのが、自身も制作しているというモダンアートの数々。

ローズ・カラリーニのリビング

Rose Carrarini

「ミッドセンチュリーの
優しいデザインを集めた新居」

20世紀中頃のデザインが好きなローズ夫妻。引っ越したばかりのアパルトマンのために少しずつ家具を買い揃えている最中とか。「装飾のための装飾はいらない」。住居にも彼女の哲学が反映される。

アール・デコと中国の明時代の家具の調和が際立つ。テーブル上には、エルテ作の女性像、デュナン作の花瓶が。

オリジナルブランドの香水「アン・プウ」のクリスタルボトルは自らデザイン。フォルムが空間と見事にマッチ。

ベニスのアンティークものから、「ラリック」や「バカラ」など、美しく繊細なガラス製品が心地よく煌めきを放つ。

モード・フリゾン・ド・マルコのアパルトマン

Maud Frizon de Marco

「ファッション同様〝好きなものに囲まれたい〟が私流」

ファッションもジュエリーもインテリアも、必要にかられて購入するということはしない主義。「周囲には好きなものしか置きたくないし、好きなものはいつも目に入る場所に置いて楽しみたいわ」室内は、大好きな1920年代のアール・デコスタイルで彩られている。

壁に飾られた写真はドミニク自身が撮影したもの。ピンク色に輝く神秘的な写真は、サハラ砂漠。

旅先で購入した伝統工芸の彫刻、織物などがセンスよく飾られる。なかには美術館所蔵品級の稀少な品も。

2 階のバルコニーからは、自ら植樹したこだわりの庭が見える。鳥がさえずる緑豊かな空間。

ドミニク・フラダン・ポップの家

Dominique Fradin Popp

「異なる文明へのオマージュがインテリアにも表れて」

40 年前からサハラ砂漠を訪れ、写真を撮り続けているドミニク。
旅をしては、民族的なオブジェを購入している。
「いろいろな国のものに囲まれて、毎日世界を旅している気分よ（笑）」
彼女のナチュラルで自由な生き方が、居住空間からも伝わってくる。

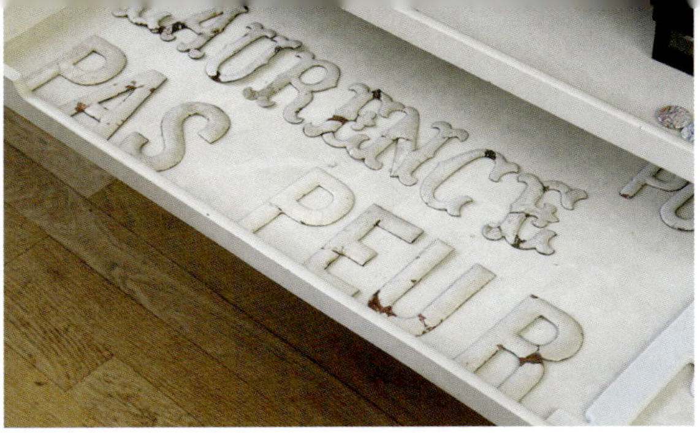

引き出しを開けると「ローランス、怖がらないで」のメッセージ！　金属の活字を組んで置くだけの大人の遊び心。

来客時にはカーテンで区切って個室にするゲストのための寝室スペース。日本の藍染めをパッチワークした布団を敷いたソファベッドが自慢。

ローランス・マドレルのアパルトマン

Laurence Madrelle

「文字や形の遊びを各所に配したグラフィックな住まい」

自慢の屋上テラスの階下に広がるのは、ダイニングとリビングと
ゲストのための部屋をすべてつなげた広々とした空間。
アーティストの友人から贈られた造形の美しい色ガラスの花器や
文字と写真でレイアウトしたポスターなど、どこを見ても楽しい発見のある家。

20年前に購入したレバノン杉の折りたたみ式のテーブルと蚤の市で見つけた2人掛け用の木製ベンチ。

リラックス空間であるバスルームはブルーのタイルを配し、清々しく。テラスから光が差し込むように改装した。

ところどころにデザイン豊かな白いランプを置き、夜は間接照明の優しい明るさを楽しむ。

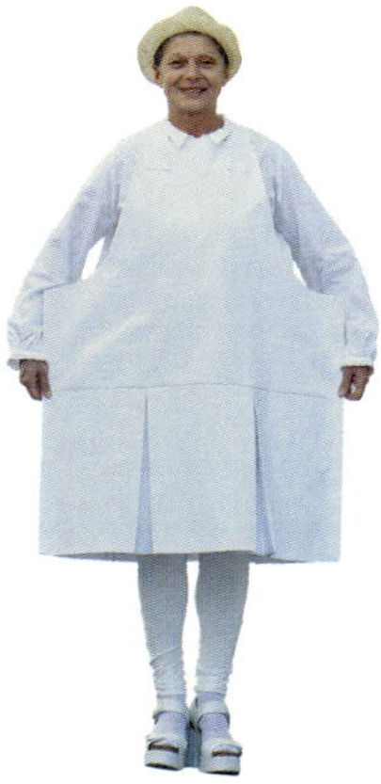

クリスティーヌ・ウォルター＝ボニーニのアパルトマン

Christine Walter-Bonini

「人と話すことが好きだから、誰もがくつろげる空間に」

装いと同様に、自宅もさまざまなニュアンスの白であふれる。
フローリングと同じ木の家具はナチュラルな空間を生み出し、
訪れたゲストの心をなごませる。
毎日の暮らしに欠かせない花も、白を選ぶそう。

花瓶いっぱいに生けられた黄色いチューリップは、夫から贈られたもの。下段の銀食器も夫のお土産。

色とりどりのニットはどこに何が入っているかわかるよう、ガラス扉のたんすに整理されている。

温かみのあるピンクの椅子や革張りのソファは両親から譲り受けたもの。中央の小さな丸テーブルは父親の手作りだとか。

アニエス・タッセルのアパルトマン

Agnès Tassel

「居心地のいい空間とは、家族の愛を感じられる場所」

アール・ヌーヴォー調のランプやアンティークなシャンデリア、
オリエンタルな絨毯に、デンマークの家具など
さまざまなテイストを織り交ぜたアットホームなリビング。
それぞれのインテリアに、家族との思い出が詰まっている。

Staff

撮影　YOLLIKO　SAITO

デザイン　若井裕美

画像レタッチ　豊田亮

取材・文　寒河江千代
（4-21p,28-35p,46-57p,66-71p
76-81p,98-115p,118-119p,122p 右下 ,125p）

森田浩之
（74-75p,92-93p,122p 左上 ,122p 左下）

谷素子
（22-27p,36-45p,58-65p,82-83p,86-89p,
94-95p,116-117p,122p 右上 , 124p,126p,127p）

石澤季里
（72-73p,84-85p,90-91p,96-97p,120-121p,123p）

編集協力　高波麻奈美、（株）印田事務所

編集担当　依田邦代（主婦の友社）

Madame《マダム》 Chic《シック》 Paris《パリ》 Snap《スナップ》

2015 年 7 月 31 日　第 1 刷発行

編者　主婦の友社
発行者　荻野善之
発行所　株式会社主婦の友社
〒 101-8911 東京都千代田区神田駿河台 2-9
☎ 03-5280-7537（編集）　☎ 03-5280-7551（販売）
印刷所　大日本印刷株式会社